Express-Kochen

AUTORINNEN: KAROLA WIEDEMANN UND MARTINA KIEL | FOTOS: MAIKE JESSEN

Praxistipps

Extra

Rezepte

So geht Kochen express-schnell

Schnelles Kochen geht auch ohne Fertiggerichte. Mit den richtigen Rezepten, Zutaten aus dem Vorrat und unseren Express-Garmethoden geht alles blitzschnell und einfach.

Die richtigen Zutaten Expresskochen fängt bei den richtigen Zutaten an. Ausgefallene oder schwer erhältliche Zutaten sind deshalb Tabu. Auch Zutaten, die eine zeitaufwendige Vorbereitung erfordern, sind ausgeschlossen.
Weil jede Minute kostbar ist, verwenden wir große Zwiebeln und Kartoffeln. Sie sind schneller geschält und gewürfelt als mehrere kleine. Das Gleiche gilt für Gemüsesorten wie Lauch, Zucchini und Auberginen. Größere Mengen weißen Spargel kann man inzwischen geschält kaufen. Rote Linsen muss man nicht (wie braune Linsen) einweichen. Man kann daraus spontan in einer halben Stunde eine wunderbare Suppe kochen.

Nudeln sind Alleskönner in der Expressküche. Ob mit Fleisch, Gemüse oder einfach nur mit einer guten Sauce – Pastagerichte gibt es für jeden Geschmack. Weil die Vielfalt mittlerweile riesig und die Kombinationsmöglichkeiten endlos sind, werden Nudeln nie langweilig. Dabei sind frische Nudeln aus dem Kühlregal und asiatische Instantnudeln die Favoriten, weil sie in wenigen Minuten servierfertig sind. Wer normale Nudeln und Vollkornteigwaren kochen möchte, sollte deshalb die längere Kochzeit berücksichtigen.

Reis und anderes Getreide Zur Abwechslung sind auch Reis, Couscous, Bulgur oder Polenta nicht zu verachten. Diese feinen Getreidesorten sind zum Teil noch schneller gar als Nudeln, lassen sich vielseitig einsetzen und sind lange haltbar.

Fisch und Fleisch Fischfilet und Garnelen kann man im Tiefkühlfach lagern. Sie sind ideale Partner in der Expressküche, weil sie kurze Garzeiten haben. Hähnchenbrustfilet, Schnitzel, Hackfleisch und Minutensteaks sind die Fleischfavoriten fürs Kurzbraten und Wokken.

Mengen Bei den Zutaten entsprechen die Mengen in diesem Buch oft den gängigen Packungsgrößen. Das spart Wiegen und Messen und es gibt keine Reste, die lästig herumstehen. Um möglichst wenig abwiegen zu müssen, werden kleinere Zutatenmengen häufig in Löffeln abgemessen, vor allem dann, wenn es nicht so sehr auf Genauigkeit ankommt.

Gute Vorbereitung Bevor es losgeht, Rezept durchlesen, Zutaten, Küchenhelfer, Schüsseln und Töpfe bereitstellen und erst dann loslegen.

Gekonnt zubereiten Auch bei der Zubereitung haben wir für die Expressküche einige Kniffe vereinfacht. Fleisch, Kartoffeln und Gemüse schneiden wir möglichst klein. Dies gilt vor allem für Gemüsesorten, die länger brauchen, bis sie gar sind, wie z. B. Möhren. Knoblauchzehen schälen wir nicht, sondern schneiden nur den Strunk ab und pressen die Zehen mit der Schale durch eine stabile Knoblauchpresse. Tomaten werden in der Expressküche nicht gehäutet. Stattdessen schneiden wir die Achtel noch einmal quer durch. Äpfel werden in Viertel geschnitten, vom Kerngehäuse befreit und – wenn überhaupt – erst danach geschält.

Timing Häufig greift bei unseren Rezepten die Zubereitung des Hauptgerichtes und der Beilagen so ineinander, dass kaum Leerlauf in der Küche entsteht. Und wenn Gemüse, Nudeln und Co. vor sich hinköcheln, lässt sich noch schnell ein Salat oder ein einfaches Dessert zubereiten. Wenn Sie genau nach unseren Rezeptschritten arbeiten, haben Sie automatisch das richtige Timing.

Dünsten Am schnellsten und besonders schmackhaft, vitamin- und mineralstoffschonend garen Kartoffeln, Gemüse, Fleisch und Fisch beim Dünsten in wenig Fett und Flüssigkeit in einem geschlossenen Topf oder in der Pfanne auf dem Herd.

Wokken Auch das Rührbraten in Pfanne oder Wok ist eine Express-Garmethode. Gemüse und Fleisch werden dabei unter ständigem Rühren scharf angebraten. Dabei braucht man wenig Fett, das Gemüse bleibt knackig und die Vitamine werden weitgehend geschont. Voraussetzung dabei ist, dass alle Zutaten zuvor schön klein geschnitten werden. Zuerst die härteren Gemüsesorten wie Möhren und Paprika 2–3 Min. anbraten. Dann die zarteren wie Lauch und Pilze zugeben und 1–2 Min. braten. Zum Schluss das empfindliche Gemüse ganz kurz mitbraten. Das Fleisch wird im Wok meist separat angebraten und am Ende im Gemüse kurz erhitzt.

Kurzbraten Minutensteaks, Schnitzel, Geschnetzeltes, zartes Hähnchenfleisch und Hackfleisch werden in der Pfanne scharf angebraten und sind so nach wenigen Minuten gar.

Kochen Zum Kochen verwenden wir heißes Wasser – z. B. für eine Instant-Brühe – aus dem Wasserkocher. Das spart Zeit und Energie gegenüber dem Erhitzen auf dem Elektroherd.

Überbacken Auf dem Herd garen Gemüse, Kartoffeln und Fleisch schneller als im Backofen. Deshalb kommen in diesem Buch die Gratins nur zum Überbacken kurz unter den Backofengrill. Weil wir die Auflaufform vorher nicht fetten, sparen wir zusätzlich etwas Zeit.

Expresskochen mit dem richtigen Zubehör

Mit den richtigen Utensilien geht das Kochen noch schneller von der Hand. Man braucht nicht allzu viele Helfer, aber es lohnt sich, in hochwertige Qualität zu investieren.

Waage und Messbecher ermöglichen genaues Arbeiten nach Rezept. Ansonsten kann man häufig auch mit einem leeren Sahnebecher (200 g) und mit Tee- oder Esslöffel messen.

Messer Mit einem kleinen abgerundeten und einem geraden Schälmesser (ca. 8 cm), einem Universalmesser (ca. 12 cm) und einem breiten Kochmesser (ca. 18 cm) sind Sie gut ausgestattet. Leichte Keramikmesser behalten zwar lange ihren scharfen Schnitt, aber lassen sich nicht nachschärfen und sind zerbrechlich. Nicht rostfreie Messer sind stabil, behalten beim Gebrauch lange ihre Schärfe und lassen sich nachschärfen.

Sparschäler und Knoblauchpresse Der kleine Sparschäler mit der Pendelklinge gleitet beim Schälen leicht über Kartoffeln, Gurken und Spargel. Damit arbeitet man meist schneller und gewandter als mit dem Küchenmesser. Eine stabile Knoblauchpresse erspart mühsames Kleinschneiden der Zehen und presst den Knoblauch auch ungeschält direkt in Topf oder Pfanne.

Küchenreibe und -hobel Eine grobe und eine feine Reibe und ein Hobel müssen sein. Besonders vielseitig und gut in der Handhabung ist eine Vierkantreibe. Praktisch ist zusätzlich ein Hobel mit einem auswechselbaren Einsatz für Juliennestreifen und ein Gemüseschneider zum Stiften und Würfeln von Zwiebeln, Kartoffeln, Zucchini, Äpfeln und Käse.

Handrührgerät Zum Schlagen von Sahne und Eiweiß ist das Handrührgerät unverzichtbar. Eine Küchenmaschine mit Schnitzelwerk zum Zerkleinern von Gemüse lohnt sich, wenn Sie häufig größere Mengen verarbeiten.

Pürierstab und Blitzhacker Der Pürierstab (oder Stabmixer) ist bei der Zubereitung von Pesto, Gemüsecremesuppe und Desserts ganz wichtig. Manche eignen sich mit ihrem Zubehör auch zum Zerkleinern von Zwiebeln, Nüssen, gefrorenen Früchten und ersetzen damit den Blitzhacker, der ebenfalls zerkleinert und püriert.

Wasserkocher Wasser für Brühe oder zum Garen von Beilagen wird im Wasserkocher schnell und energiesparender zum Kochen gebracht als auf dem herkömmlichen Elektroherd.

Töpfe, Pfannen und Wok Zum Dünsten und Braten eignen sich am besten Töpfe mit dickem Boden und beschichtete Pfannen. In diesen Pfannen bleibt nichts haften und sie lassen sich leicht reinigen. Da immer mal wieder zwei Pfannen benötigt werden, empfehlen wir für die Expressküche eine mit hohem Rand für Pfannengerichte und eine mit niedrigem Rand zum Braten von Schnitzeln und Steaks. Wer einen Wok besitzt, kann diesen zum Expresskochen perfekt einsetzen.

Kleine Helfer Kochlöffel, Teigschaber, Pfannenwender und Schneebesen sind kleine Utensilien, die äußerst hilfreich sind.

Reibe und Julienneschneider

Waage und Messbecher

Pürierstab, Blitzhacker, Handrührgerät

Sparschäler

Wasserkocher

Wok und beschichtete Pfanne

Grundvorrat für Expressköche

Ein gut sortierter Vorrat ist das A und O der Expressküche.

Nudeln, Reis und Getreide Eine gute Grundlage für eine schnelle und sättigende Mahlzeit sind verschiedene Nudel- und Reissorten. Zur Abwechslung darf es auch mal Couscous, Bulgur, Zartweizen, feinkörnige Hirse oder Polenta sein. Diese Getreidesorten sind zum Teil noch schneller gar als Nudeln und lassen sich außerdem lange lagern. Angebrochene Tüten werden gut verschlossen mit Tütenclips. Oder Sie füllen Reste in Kunststoffbehälter oder Schraubgläser um. In den Trockenvorrat gehören außerdem Mehl und Speisestärke für Pfannkuchen oder zum Binden von Saucen.

Kartoffeln Kartoffeln machen satt, sind äußerst vielseitig und ganz einfach zuzubereiten. Als Beilage und für schnelle Eintöpfe sind (vorwiegend) festkochende Kartoffeln bestens geeignet. Achten Sie schon beim Einkauf auf möglichst große Knollen und lagern Sie diese dunkel und kühl, am besten in einem kühlen Keller oder Vorratsraum.

Konserven und Tiefkühlkost Tomatenprodukte, Mais, Thunfisch und Obst aus der Konserve gehören unbedingt in den Vorratsschrank. Wer gerne asiatisch kocht, sollte Kokosmilch bevorraten. Die Tiefkühltruhe sollte stets zartes Fischfilet (z.B. Lachs), Hackfleisch und natürlich verschiedene Gemüse (Blattspinat, Bohnen, Erbsen) und Beeren enthalten. Tiefkühlgemüse hat den Vorteil, dass es nicht mehr geputzt und gewaschen werden muss und sich länger lagern lässt als Frischware. Auch gefrorene Kräuter sollten nicht fehlen.

Gewürze und Kräuter, die oft verwendet werden, sind natürlich Salz und Pfeffer, Currypulver, geriebene Muskatnuss und edelsüßes Paprikapulver. Auch getrocknete Kräuter wie Oregano, Majoran und Rosmarin sollten vorrätig sein. Frische Kräuter, wie Basilikum, Petersilie und Schnittlauch, in einem Topf auf der Fensterbank gehalten, stehen jederzeit zur Verfügung. Im Winter und Frühjahr, wenn frisches Gemüse Mangelware ist, lohnt es sich, Kresse auf der Fensterbank zu ziehen. Sie sorgt stets für die nötigen Vitamine.

Würzmittel Aus Instant-Brühe kann man im Handumdrehen Gemüse-, Fleisch- oder Hühnerbrühe kochen. Mehrere Sorten Öl (Oliven-, Sonnenblumen- oder Rapsöl) und Essig (Aceto balsamico, Weißweinessig) sind nicht nur für Salate wichtig, sondern auch zum Anbraten und Abschmecken von anderen Speisen. Für Asienfans empfiehlt sich Sojasauce und gegebenenfalls Currypasten in verschiedenen Sorten und Schärfen.

Knoblauch und Zwiebeln sind als Geschmacksträger wichtig. Sie halten sich im Vorrat – dunkel, kühl und trocken gelagert – lange frisch.

Zitronen oder Limetten braucht es für Desserts und zum Abschmecken vieler pikanter Gerichte. Reste vom Saft im Eiswürfelbehälter einfrieren.

Milchprodukte und Eier In den Kühlschrank gehören verschiedene Milchprodukte wie Milch, Butter, Sahne, Schmant, Quark und natürlich

auch Eier. Ein Stück Parmesan für Nudelgerichte und geriebenen Käse zum Überbacken sollten Sie ebenfalls im Vorrat haben.

Lagerung im Kühlschrank Die meisten Gemüse lagert man am besten im Gemüsefach des Kühlschrankes. In ein feuchtes Geschirrtuch gewickelt, bleiben darin Blattsalate und Gemüse wie Spargel, grüne Bohnen oder Möhren, tagelang frisch. Viele Gemüse brauchen etwas Luft zur optimalen Lagerung. Luftdicht verpackt werden sie oft schlapp.

Fertige Schnittsalate sind besonders schnell zuzubereiten. Wegen möglicher Keime sollten Sie diese vor dem Verzehr waschen und angebrochene Packungen nicht länger als einen Tag aufbewahren. Empfehlenswerter sind ganze Salatköpfe. Bewahren Sie Reste gewaschen und geschleudert in einem verschlossenen Plastikbehälter im Kühlschrank auf. So haben Sie Vorrat für mehrere Tage.

Lagerung im kühlen Keller Einigen Gemüsen, wie Tomaten, Gurken, Paprika und Kartoffeln, ist es im Kühlschrank zu kalt, Tomaten verlieren sogar ihr Aroma bei Kälte. Optimal lagern diese Gemüsesorten in einem kühlen Keller. Tomaten sollten auch getrennt von anderem Obst und Gemüse aufbewahrt werden, denn sie scheiden das Reifegas Ethen aus, welches benachbarte Früchte oder Gemüse schneller reifen und verderben lässt.

Frisches Fleisch und Fisch aufzubewahren ist nicht immer einfach. Hackfleisch muss am Tag des Einkaufs verarbeitet werden, Fisch nach 1 bis 2 Tagen und Fleisch je nach Sorte und Größe der Stücke nach 1 bis 3 Tagen. Dabei gilt: je fetter und kleiner die Stücke, desto kürzer haltbar sind sie. Auf der sicheren Seite sind Sie, wenn Sie diese Produkte einfrieren oder bereits gefroren einkaufen. Länger haltbar sind geräucherte und gepökelte Fleischwaren, wie roher Schinkenspeck oder Kabanossi.

Suppen, Salate & Snacks

Die frischen Salate und cremigen Suppen sind eigentlich Vorspeisen. Kombiniert mit Brot oder Baguette ergeben sie jedoch auch vollwertige Mahlzeiten. Die Tomatensuppe mit Wok-Nudeln ist blitzschnell fertig, auch für viele. Daher ist sie ideal für eine Spontanparty.

Tomatensuppe

1 Zwiebel
1 EL Olivenöl
1 Knoblauchzehe (nach Belieben)
8 EL Wok-Nudeln (ca. 50 g)
1 kg passierte Tomaten (Tetrapack)
200 g Sahne
1 TL getrockneter Majoran
1 TL getrockneter Oregano
Salz
frisch gemahlener Pfeffer
frische Basilikumblättchen zum Garnieren

Für 4 Personen | 15 Min. Zubereitung
Pro Stück ca. 250 kcal, 6 g EW, 17 g F, 18 g KH

1 Die Zwiebel schälen und in kleine Würfel schneiden. Das Öl in einem Topf erhitzen. Die Zwiebel im Öl glasig dünsten. Nach Belieben den Knoblauch vom Strunk befreien und dazupressen.

2 400 ml Wasser erhitzen und angießen. Die Wok-Nudeln und die passierten Tomaten zufügen. Unter gelegentlichem Rühren im offenen Topf ca. 5 Min. köcheln lassen. Sahne, Majoran und Oregano dazugeben. Mit Salz und frisch gemahlenem Pfeffer abschmecken. Die Suppe auf Tellern anrichten und mit Basilikumblättchen garnieren.

UND DAZU?
Für 4 Piadine, italienische Fladenbrote aus der Pfanne, 250 g Mehl mit 1 TL Backpulver und 1 TL Salz verrühren. Mit 2 EL Olivenöl und 140 ml warmem Wasser gut verkneten. Den Teig in 4 Stücke teilen, jeweils zu einem pfannengroßen Fladen ausrollen und nacheinander in einer beschichteten Pfanne ohne Fett bei mittlerer Hitze auf beiden Seiten 2 bis 3 Min. backen. Warm servieren.

für Gäste

Laugensnack

1 Bund Radieschen
250 g Quark (40 % Fett)
3 EL Crème fraîche
1 Bund Schnittlauch
Salz | Pfeffer
3 Laugenstangen
1 EL Kümmelsamen (nach Belieben)

Für 24 Stück | 25 Min. Zubereitung
Pro Stück ca. 40 kcal, 2 g EW, 2 g F, 4 g KH

1 Die Radieschen waschen und putzen. 4 Radieschen zur Seite legen. Die übrigen auf der Gemüsereibe grob raspeln. Quark, Crème fraîche und die Radieschenraspel in eine Schüssel geben. Den Schnittlauch waschen, trocken schütteln, in feine Röllchen schneiden und zufügen. Das Ganze vermischen und mit Salz und Pfeffer abschmecken.

2 Die ganzen Radieschen in feine Scheiben schneiden oder hobeln. Die Laugenstangen längs halbieren und jede Hälfte in vier Stücke teilen. Den Radieschenquark darauf verteilen. Mit Radieschenscheiben belegen und nach Belieben mit Kümmelsamen bestreuen. Sofort servieren!

SPEED-TIPP

Wenn es ganz schnell gehen soll, statt Quark, Crème fraîche, Schnittlauch und Gewürzen nur 300 g italienischen Kräuterfrischkäse verwenden.

KÜCHENTECHNIKTIPP

Damit die Radieschen knackig frisch bleiben, gleich nach dem Einkauf das Grün entfernen.

mild-würzig

Crostini mit Erbsencreme

300 g TK-Erbsen
2 Frühlingszwiebeln
75 g roher Schinkenspeck
1 EL Butter
100 g Parmesan
Salz | Pfeffer
½ Ciabatta (ca. 150 g)
2 EL Olivenöl

Für 8 Stück
25 Min. Zubereitung | 10 Min. Überbacken
Pro Stück ca. 175 kcal, 11 g EW, 8 g F, 15 g KH

1 Die Erbsen mit 100 ml Wasser in einem geschlossenen Topf bei mittlerer Hitze 5 Min. antauen lassen. Inzwischen die Frühlingszwiebeln waschen, putzen und in feine Ringe schneiden. Den Schinkenspeck in kleine Würfel schneiden. Die Butter in einer Pfanne erhitzen, Frühlingszwiebeln und Schinkenwürfel darin anbraten und die Masse auf einem Küchenpapier entfetten.

2 Den Backofen auf 200° vorheizen. Den Parmesan reiben. Die Erbsen abgießen, pürieren und mit Salz und Pfeffer würzen. Mit der Zwiebel-Schinken-Mischung und 50 g Parmesan vermengen. Das Brot in 8 Scheiben schneiden, mit Olivenöl beträufeln und auf ein mit Backpapier oder Dauerbackfolie belegtes Backblech legen.

3 Die Brotscheiben ca. 2 Min. im Ofen (Mitte, Umluft 180°) vorbacken. Die Erbsenmasse darauf verteilen, mit dem restlichen Parmesan bestreuen und bei gleicher Temperatur im Ofen ca. 10 Min. goldgelb überbacken.

oben: Crostini mit Erbsencreme | unten: Laugensnack

Vitamin-Kick im Frühling

Radieschen-Salat

1 Bund Radieschen | 1 säuerlicher Apfel (z. B. Elstar) | 2 dicke Scheiben Emmentaler (ca. 200 g) | 1 Zitrone | 150 g Joghurt | 1 TL Dijonsenf | Salz | Pfeffer | 1 TL Zucker | 1 Kästchen Kresse zum Garnieren

Für 4 Personen | 15 Min. Zubereitung
Pro Stück ca. 260 kcal, 16 g EW, 17 g F, 10 g KH

1 Die Radieschen waschen, putzen und in dünne Scheiben schneiden. Den Apfel vierteln, das Kerngehäuse entfernen und in dicke Scheiben schneiden. Den Emmentaler in Stifte schneiden.

2 Die Zitrone auspressen. Joghurt, Senf und Zitronensaft zu einer Marinade verrühren. Mit Salz, Pfeffer und Zucker abschmecken und mit Radieschen, Apfel und Emmentaler mischen. Die Kresse mit einer Schere abschneiden und über den Salat streuen. Wenn der Salat im Kühlschrank eine halbe Stunde durchzieht, schmeckt er noch besser.

schmeckt frisch am besten

Mexiko-Salat

½ Kopf Lollo rosso | 1 reife Avocado | Saft von ½ Zitrone | 1 Zwiebel | 3 Tomaten | 1 Dose Kidneybohnen (ca. 250 g Abtropfgewicht) | 3 Stängel glatte Petersilie | 4 EL Olivenöl | 3 EL Aceto balsamico | Zucker | Chilipulver

Für 4 Personen | 15 Min. Zubereitung
Pro Portion ca. 460 kcal, 17 g EW, 24 g F, 44 g KH

1 Den Salat putzen, waschen, schleudern und in eine Schüssel geben. Die Avocado halbieren, schälen, den Stein entfernen, das Fruchtfleisch in Scheiben schneiden und mit Zitronensaft beträufeln. Die Zwiebel schälen, in Ringe schneiden. Die Tomaten waschen, in Scheiben schneiden, dabei den Stielansatz entfernen. Das Gemüse mit den abgetropften Bohnen auf den Salat geben. Die Petersilie waschen, trocken schütteln und hacken. Aus den restlichen Zutaten ein Dressing mischen und über den Salat gießen. Petersilie aufstreuen.

herbstlich

Eichblattsalat mit Speck

½ Eichblattsalat | 75 g roher Schinkenspeck | 1 Zwiebel | 100 g Champignons | 2 EL Rapsöl | 1 EL Weißweinessig | 1 TL Senf | Salz | Pfeffer

Für 4 Personen | 20 Min. Zubereitung
Pro Portion ca. 90 kcal, 5 g EW, 7 g F, 1 g KH

1 Den Salat waschen, trocken schleudern und in mundgerechte Stücke schneiden. Den Schinkenspeck würfeln, die Zwiebel schälen und würfeln und die Champignons putzen und in dünne Scheiben schneiden.

2 Die Schinkenwürfel in eine Pfanne geben und bei mittlerer Hitze anbraten, die Zwiebel dazugeben und 1–2 Min. mitbraten. Zum Schluss die Champignons zugeben und weitere 2 Min. mitbraten. Das Öl mit Essig, Senf, Salz und Pfeffer verrühren. Das Dressing und die Zwiebel-Speck-Pilz-Mischung über den Salat geben.

erfrischend

Chinakohl mit Ananas

300 g Chinakohl | 1 Dose Ananasstücke (ca. 260 g Abtropfgewicht) | 150 g Joghurt | 1 EL Ketchup | ½ TL Currypulver | Salz | Pfeffer

Für 4 Personen | 10 Min. Zubereitung
Pro Portion ca. 80 kcal, 2 g EW, 2 g F, 14 g KH

1 Den Chinakohl putzen, den Strunk entfernen, die Blätter in Streifen schneiden, waschen und trocken schleudern. Die Ananasstücke in ein Sieb gießen, dabei den Saft auffangen.

2 Den Joghurt mit 2–3 EL Ananassaft, dem Ketchup und dem Currypulver verrühren und das Dressing mit Salz und Pfeffer abschmecken. Die Ananasstücke zum Chinakohl geben und das Dressing über den Salat geben. Alles vorsichtig vermischen.

fürs Büfett

Bulgursalat

300 ml Gemüsebrühe
150 g Bulgur
100 g Schafkäse (Feta)
8 Kirschtomaten
1 Dose Thunfisch (ca. 185 g Abtropfgewicht)
3 Frühlingszwiebeln
½ Zitrone
150 g Joghurt
½ TL getrockneter Oregano
1 Knoblauchzehe (nach Belieben)
Salz | Pfeffer

Für 4 Personen
20 Min. Zubereitung | 15 Min. Kühlen
Pro Portion ca. 270 kcal, 21 g EW, 7 g F, 31 g KH

1 Die Brühe in einem Topf zusammen mit dem Bulgur aufkochen und 10 Min. zugedeckt bei schwacher Hitze köcheln lassen. Gelegentlich umrühren. Inzwischen den Schafkäse klein würfeln, die Tomaten waschen und klein schneiden. Den Thunfisch in ein Sieb geben und abtropfen lassen.

2 Die Frühlingszwiebeln putzen, waschen und mit dem Grün in feine Ringe schneiden. Die Zitrone auspressen. Den Topf mit dem Bulgur zum Abkühlen mind. 15 Min. in kaltes Wasser stellen.

3 Inzwischen Zitronensaft, Joghurt und Oregano verrühren. Nach Belieben von der Knoblauchzehe den Strunk abschneiden und die Zehe dazupressen. Mit Salz und Pfeffer abschmecken. Den Thunfisch mit einer Gabel zerpflücken und mit dem Bulgur und allen übrigen Zutaten vermischen.

pikant

Rote Linsensuppe

1 große Zwiebel | 2 EL Öl
2 Knoblauchzehen
300 g rote Linsen
1,5 l Gemüsebrühe
2 Möhren (ca. 200 g)
½ rote Paprikaschote
3 EL Tomatenmark
1 Zitrone
200 ml Milch
¼ TL rosenscharfes Paprikapulver
½ TL Salz | Pfeffer
½ Bund Koriandergrün (ersatzweise Basilikum)
150 g Joghurt

Für 4 Personen | 20 Min. Zubereitung
Pro Portion ca. 345 kcal, 22 g EW, 10 g F, 38 g KH

1 Die Zwiebel schälen und klein würfeln. Das Öl in einem großen Topf erhitzen und die Zwiebel darin in 2 Min. glasig dünsten. Die Knoblauchzehen vom Strunk befreien und dazupressen. Die Linsen zu den Zwiebeln geben und die Brühe dazugießen. Die Möhren schälen, in dünne Scheiben schneiden und zufügen.

2 Die Paprikaschote putzen, waschen, in feine Streifen schneiden und zufügen. Das Tomatenmark einrühren. Zitrone auspressen. Zitronensaft und Milch zufügen. Mit Paprikapulver, Salz und Pfeffer kräftig würzen und das Ganze ca. 10 Min. im offenen Topf köcheln lassen. Den Koriander waschen, trocken schütteln und klein schneiden. Die Suppe mit dem Pürierstab kurz pürieren, so dass noch Möhren- und Paprikastücke sichtbar sind. Mit Joghurt und Koriander anrichten.

oben: Rote Linsensuppe | unten: Bulgursalat

mild & edel

Kohlrabischaumsuppe

500 g Kohlrabi | 100 g Kartoffeln | 1 Zwiebel | 2 EL Öl | 600 ml Gemüsebrühe | 50 ml Weißwein (ersatzweise Wasser) | ½ Bund Petersilie | 100 g Sahne | Salz | Pfeffer | frisch geriebene Muskatnuss

Für 4 Personen | 30 Min. Zubereitung
Pro Portion ca. 165 kcal, 3 g EW, 13 g F, 7 g KH

1 Die Kohlrabi, Kartoffeln und Zwiebel schälen und würfeln. Das Öl in einem Topf erhitzen und die Zwiebel darin glasig dünsten. Die Gemüsewürfel zufügen und bei starker Hitze 1–2 Min. mitbraten. Brühe und Weißwein angießen und zugedeckt bei mittlerer Hitze in ca. 15 Min. garen.

2 Die Petersilie waschen, trocken schütteln und fein hacken. Die Sahne mit dem Handrührgerät steif schlagen. Die Suppe pürieren und mit Salz, Pfeffer und Muskatnuss abschmecken. Die Sahne und die Petersilie in die Suppe rühren.

sommerlich

Zucchinicremesuppe

600 g Zucchini | 1 Zwiebel | 3 EL Öl | 500 ml Hühnerbrühe | 2 Bio-Limetten | 150 g Sahne | 1 EL Honig | 1 EL Weißwein (nach Belieben) | Salz | Cayennepfeffer | ca. 8 Blättchen Zitronenmelisse zum Garnieren

Für 4 Personen | 20 Min. Zubereitung
Pro Portion ca. 245 kcal, 3 g EW, 21 g F, 11 g KH

1 Die Zucchini waschen und in Würfel schneiden. Die Zwiebel schälen und würfeln. Das Öl in einem Topf erhitzen, die Zwiebel darin glasig dünsten. Die Zucchini dazugeben, kurz mitbraten, die Brühe angießen und zugedeckt bei mittlerer Hitze ca. 10 Min. garen. Die Limetten waschen und trocknen, die Schale abreiben und in den Topf geben. Eine Limette auspressen. Die Sahne angießen. Honig, Weißwein und Limettensaft in die Suppe geben und alles pürieren. Mit Salz und Cayennepfeffer abschmecken. Die Zitronenmelisse waschen, trocknen und aufstreuen.

macht schnell was her

Fenchelrahmsuppe

900 g Fenchel | 2 Zwiebeln | 2 EL Butter | 1 l Gemüsebrühe | 300 g Sahne | Kräutersalz | Pfeffer | 40 g gehackte Pistazien

Für 4 Personen | 35 Min. Zubereitung
Pro Portion ca. 395 kcal, 9 g EW, 34 g F, 10 g KH

1 Den Fenchel waschen, putzen, halbieren und den Strunk herausschneiden. Das Fenchelgrün zur Seite legen und die Knolle in Würfel schneiden. Die Zwiebeln schälen und würfeln. Die Butter in einem Topf erhitzen. Zwiebeln darin glasig dünsten. Fenchel zufügen und 1–2 Min. mitdünsten.

2 Die Gemüsebrühe angießen. Bei schwacher Hitze zugedeckt 20 Min. köcheln. Das Fenchelgrün schneiden. 100 g Sahne steif schlagen. Die Suppe pürieren, restliche Sahne zufügen und mit Kräutersalz und Pfeffer abschmecken. Die Suppe in 4 Teller füllen. Je 1 TL geschlagene Sahne zufügen, Fenchelgrün und gehackte Pistazien aufstreuen.

asiatisch

Kokos-Möhren-Suppe

600 g Möhren | 1 Stück frischer Ingwer (ca. 2 cm) | 1 Zwiebel | 2 EL Öl | 750 ml Gemüsebrühe | 200 ml Kokosmilch (aus der Dose) | ½ TL Currypulver | Salz | Pfeffer

Für 4 Personen | 30 Min. Zubereitung
Pro Portion ca. 90 kcal, 2 g EW, 6 g F, 7 g KH

1 Die Möhren schälen und in dünne Scheiben schneiden oder hobeln. Den Ingwer schälen und fein schneiden. Die Zwiebel schälen und würfeln. Das Öl in einem Topf erhitzen. Ingwer und Zwiebel in dem Öl glasig dünsten. Die Möhren dazugeben und 1–2 Min. mitbraten.

2 Die Gemüsebrühe angießen und bei mittlerer Hitze zugedeckt ca. 15 Min. kochen. Die Kokosmilch erwärmen und mit einem Milchschäumer oder Handrührgerät aufschäumen. Die Suppe mit Currypulver, Salz und Pfeffer würzen und fein pürieren. Den Kokosschaum in die Suppe geben.

Vegetarisches

Kresse ist eine wahre Vitaminbombe. Deswegen wird sie meistens als Garnitur auf Salaten und Suppen verwendet. In unserem Kresserührei mit Schafkäse spielt sie endlich einmal die Hauptrolle. Zusammen mit Baguette oder Fladenbrot wird daraus ein Expresshauptgericht.

Kresserührei mit Schafkäse

1 große Zwiebel
8 Eier
6 EL Milch
2 Kästchen Kresse (ersatzweise Schnittlauch)
Salz
2 EL Butter
200 g Schafkäse (Feta)

Für 4 Personen | 15 Min. Zubereitung
Pro Portion ca. 350 kcal, 24 g EW, 27 g F, 2 g KH

1 Die Zwiebel schälen und fein würfeln. Eier und Milch mit dem Handrührgerät oder dem Schneebesen kurz verquirlen. Die Kresse mit einer Schere abschneiden und unter die Eiermilch mischen. Mit Salz würzen.

2 In zwei beschichteten Pfannen jeweils 1 EL Butter bei mittlerer Hitze schmelzen. Die Zwiebel darin glasig dünsten. Die Eiermilch auf die beiden Pfannen verteilen. Wenn sie zu stocken beginnt, das Ganze mit dem Pfannenwender umrühren. Den Schafkäse mit einer Gabel zerkrümeln, darüberstreuen und unterrühren.

VARIANTE: GEMÜSEFRITTATA
2 Möhren schälen, in dünne Scheiben schneiden oder hobeln. 4 mittelgroße Kartoffeln und 1 Zwiebel schälen und klein würfeln. 2 EL Öl in einer beschichteten Pfanne erhitzen und das Gemüse darin bei mittlerer Hitze 10 Min. zugedeckt dünsten. 1 Knoblauchzehe dazupressen. 5 Eier mit einer Gabel verquirlen, mit Salz, Pfeffer und Muskat würzen, über das Gemüse geben und zugedeckt bei schwacher Hitze ca. 10 Min. stocken lassen.

Klassiker auf neue Art

Ratatouille mit Kartoffeln

Diese südfranzösische Spezialität bereiten wir mit klein geschnittenen Kartoffeln zu. Statt Wein verwenden wir Sahne. So wird das Gericht insgesamt milder. Serviert wird es mit einem körnigen Reis oder frischem Baguette.

4 mittelgroße Kartoffeln (ca. 500 g)
1 Zwiebel
1 Aubergine
1 mittelgroßer Zucchino (ca. 300 g)
1 rote Paprikaschote
2 EL Olivenöl
5 Tomaten
je 1 TL getrockneter Oregano und Majoran
200 g Sahne
Pfeffer | Salz
1 EL Aceto balsamico
150 g Joghurt (nach Belieben)

Für 4 Personen | 30 Min. Zubereitung
Pro Portion ca. 345 kcal, 8 g EW, 23 g F, 26 g KH

1 Die Kartoffeln schälen, waschen und in ca. 1 cm große Würfel schneiden. Die Zwiebel schälen und würfeln. Die Aubergine und den Zucchino waschen, die Enden abschneiden und das Gemüse in ca. 1 cm große Würfel schneiden. Die Paprikaschote waschen, putzen und ebenfalls in ca. 1 cm große Stücke schneiden.

2 Das Öl in einer hohen beschichteten Pfanne erhitzen. Die Zwiebel und Kartoffeln darin ca. 5 Min. anbraten. Die Auberginenwürfel zufügen, die Pfanne schließen und das Ganze 5 Min. bei starker Hitze weiterbraten. Paprika- und Zucchiniwürfel in die Pfanne geben und 5 Min. weiterbraten. Während das Gemüse brät immer wieder umrühren.

3 Die Tomaten waschen, die Stielansätze entfernen, in Achtel schneiden und nochmals halbieren. Die Tomaten zum Gemüse in die Pfanne geben und weitere 3 Min. mitdünsten. Oregano, Majoran und Sahne zufügen. Mit Pfeffer und Salz würzen. Zum Schluss mit Aceto balsamico abschmecken. Nach Belieben Joghurt dazureichen.

VARIANTE: GEMÜSE-COUSCOUS

300 g Couscous mit 500 ml kochender Gemüsebrühe übergießen. Anschließend im geschlossenen Topf ca. 10 Min. quellen lassen. 1 rote Paprikaschote und 2 Zucchini waschen, putzen und in Streifen beziehungsweise in Scheiben schneiden. 1 Zwiebel und 1 Stück frischen Ingwer (ca. 2 cm) schälen und klein würfeln. Zwiebel und Ingwer in 2 EL Öl in einer hohen Pfanne oder im Wok ca. 5 Min. bei starker Hitze anbraten. 1 Knoblauchzehe vom Strunk befreien und dazupressen. Paprika und Zucchini zufügen und 5 Min. mitbraten. Immer wieder umrühren. Mit Curry, Salz, Pfeffer und nach Belieben mit Sojasauce abschmecken. Zum Schluss den Couscous unter das Gemüse mischen.

VARIANTE: CHINESISCHE GEMÜSEPFANNE

250 g Schnellkoch- oder Basmatireis nach Packungsanweisung kochen. 1 Packung asiatisches Tiefkühlgemüse (480 g) in einer Pfanne erhitzen und bei starker Hitze ca. 5 Min. anbraten. 200 ml Kokosmilch angießen und in der offenen Pfanne ca. 5 Min. einkochen. Mit Currypulver, Salz und Cayennepfeffer abschmecken. Das Gemüse mit dem Reis vermischen.

frühlingshaft

Risotto mit grünem Spargel

Grüner Spargel ist in der Expressküche schnell und ohne großen Aufwand einsatzbereit, weil man ihn nur im unteren Drittel schälen muss.

1 Zwiebel
2 EL Olivenöl
300 g Risottoreis (z. B. Arborioreis)
100 ml Weißwein (ersatzweise Wasser)
1 l Hühnerbrühe
500 g grüner Spargel | Salz
1 Prise Zucker
1 EL Butter | Pfeffer
60 g Parmesan am Stück

Für 4 Personen | 30 Min. Zubereitung
Pro Portion ca. 430 kcal, 13 g EW, 13 g F, 65 g KH

1 Die Zwiebel schälen und fein würfeln. Das Öl in einem Topf erhitzen und die Zwiebel darin glasig dünsten. Den Reis dazugeben und ebenfalls mit andünsten. Den Wein und ca. 250 ml der Brühe angießen (Bild 1).

2 Bei mittlerer Hitze im offenen Topf unter gelegentlichem Rühren ausquellen lassen, bis die Flüssigkeit aufgesogen ist. Dann erneut etwas Brühe angießen und wieder rühren, bis der Reis die Flüssigkeit aufgesaugt hat. Diesen Vorgang wiederholen, bis die gesamte Flüssigkeit aufgebraucht und der Reis gar ist. Dabei immer wieder umrühren. Das Risotto ist gar, wenn es eine cremige Konsistenz hat, aber der Reis noch leicht bissfest ist. Das dauert ca. 20–25 Minuten.

3 Inzwischen den Spargel im unteren Drittel schälen und die Enden abschneiden (Bild 2). Ca. 500 ml Wasser mit Salz, Zucker und Butter aufkochen. Die Spargelstangen darin ca. 10 Min. bei schwacher Hitze kochen. Die Stangen abtropfen lassen, in ca. 3 cm lange Stücke schneiden und unter das Risotto mischen. Das Risotto mit Salz und Pfeffer abschmecken. Den Parmesan hobeln und dazuservieren.

GEMÜSEVARIANTEN

Dieses klassische Risotto kann man immer wieder mit anderen Gemüsesorten zubereiten. Statt Spargel kann man auch 300 g Brokkoli in Röschen teilen und in Salzwasser bei mittlerer Hitze zugedeckt in ca. 4–5 Min. bissfest garen. Auch gebratene Champignons sind eine feine Alternative zum Spargel. Dafür 200 g Champignons putzen und in Scheiben schneiden. 1 kleine Zwiebel schälen, würfeln und in 1 EL Butter anbraten. Die Pilze dazugeben und etwa 3 Min. mitbraten. Mit Salz, Pfeffer und ½ TL getrockneten Thymian würzen. Erbsen sind ebenfalls eine tolle Ergänzung zum Reis. Für das Risotto 1 Packung TK-Erbsen (300 g) in einem Topf mit 100 ml Wasser aufkochen und zugedeckt 5–10 Min. bei mittlerer Hitze garen. Die Erbsen in ein Sieb abgießen und mit dem fertigen Risotto mischen. Eine herbstliche Variante ist Risotto mit Kürbis und Lauch. Dafür 150 g geputzten Hokkaido-Kürbis fein würfeln und 1 Stange Lauch (ca. 250 g) putzen, waschen und in Streifen schneiden. 1 EL Butter in einer Pfanne erhitzen und das Gemüse darin etwa 5 Min. anbraten. 5 Min. bevor das Risotto fertig ist, das Gemüse mit dem Reis vermischen und mit dem Risotto fertig garen.

1

2

3

preiswert

Käsekartoffeln mit Sahne-Lauch

Salz
1 kg festkochende Kartoffeln
1 Zwiebel
3 Stangen Lauch (ca. 700 g)
2 EL Butter
150 ml Weißwein (ersatzweise Wasser)
100 g Sahne
200 g geriebener Emmentaler
frisch geriebene Muskatnuss
Pfeffer

Für 4 Personen | 25 Min. Zubereitung
Pro Portion ca. 480 kcal, 22 g EW, 28 g F, 34 g KH

1 Reichlich Salzwasser in einem großen Topf zum Kochen bringen. Währenddessen die Kartoffeln schälen, waschen, in ca. 2 cm große Würfel schneiden und im Salzwasser zugedeckt bei mittlerer Hitze in ca. 15 Min. bissfest garen.

2 Inzwischen die Zwiebel schälen und würfeln. Den Lauch putzen, längs aufschlitzen, gründlich waschen und in Streifen schneiden. Die Butter in einem Topf erhitzen und die Zwiebel darin glasig dünsten. Den Lauch dazugeben, Wein angießen und zugedeckt bei mittlerer Hitze ca. 10 Min. garen.

3 Die Sahne zum Lauch geben und im offenen Topf bei mittlerer Hitze ca. 5 Min. einkochen lassen. Die Kartoffeln abgießen, im heißen Topf mit dem Käse vermischen und den Käse zugedeckt ca. 5 Min. schmelzen lassen. Sahne-Lauch mit Muskatnuss, Pfeffer und Salz abschmecken. Mit den Käsekartoffeln servieren.

mild-würzig

Pellkartoffeln mit Avocadodip

1 kg mittelgroße Kartoffeln
Salz | 1 große Avocado
½ Zitrone
1 Knoblauchzehe
100 g Sahne | Pfeffer
2 Tomaten

Für 4 Personen | 25 Min. Zubereitung
Pro Portion ca. 350 kcal, 6 g EW, 21 g F, 33 g KH

1 Die Kartoffeln waschen und in Salzwasser bei mittlerer Hitze ca. 20 Min. garen. Die Avocado halbieren, den Kern entfernen und das Fruchtfleisch mit einem Löffel aus der Schale lösen. Die Zitrone auspressen. Die Knoblauchzehe vom Strunk befreien und zur Avocado pressen.

2 Das Fruchtfleisch der Avocado mit dem Pürierstab oder im Blitzhacker mit Sahne, Zitronensaft, Knoblauch, Salz und Pfeffer pürieren.

3 Die Tomaten waschen, den Stielansatz entfernen, klein würfeln und mit der Creme vermischen. Den Dip mit Salz und Pfeffer abschmecken. Die Kartoffeln abgießen und mit dem Dip servieren.

UND DAZU?

Zusätzlich kann man einen gemischten Salat zu den Pellkartoffeln servieren. Der Dip passt auch gut zu Nudeln oder zu frischem Fladenbrot.

oben: Käsekartoffeln mit Sahne-Lauch | unten: Pellkartoffeln mit Avocadodip

asiatisch

Wok-Nudeln mit Curry-Gemüse

Diese schnelle Gemüsepfanne kommt sommerlich leicht, mit Biss und vielen Vitaminen auf den Tisch. Die Gemüsesorten können immer wieder variiert werden.

200 g Zuckerschoten | 200 g Champignons | 200 g Möhren | 200 g Frühlingszwiebeln | 4 EL Öl | 2 TL grüne Thai-Currypaste | 100 g Cashewnusskerne (ersatzweise Erdnusskerne) | 250 g Wok-Nudeln | Sojasauce

Für 4 Personen | 30 Min. Zubereitung
Pro Portion ca. 510 kcal, 16 g EW, 23 g F, 56 g KH

1 Die Zuckerschoten waschen, putzen und quer halbieren. Die Champignons putzen und in Scheiben schneiden. Die Möhren schälen und auf der Gemüsereibe grob raspeln oder in Stifte schneiden. Die Frühlingszwiebeln putzen, den unteren weißen Teil in feine Ringe schneiden. Das Grün schräg in 1 cm breite Streifen schneiden und zur Seite legen.

2 In einem Wok das Öl erhitzen und die Currypaste kurz darin anbraten. Dann die Cashewkerne dazugeben und mitbraten. Das Gemüse zufügen und unter ständigem Rühren ca. 5 Min. garen.

3 400 ml Wasser angießen und aufkochen lassen. Die Wok-Nudeln dazugeben. Unter Rühren ca. 4 Min. garen. Das Gericht mit Sojasauce abschmecken und mit den Frühlingszwiebeln bestreuen.

KÜCHENTECHNIKTIPP

Wer keinen Wok hat, nimmt stattdessen eine hohe beschichtete Pfanne.

preiswert

Fusilli mit Brokkoli

500 g Fusilli | 500 g Brokkoli | Salz | 16 in Öl eingelegte, getrocknete Tomaten | 4 EL Olivenöl | 100 g Parmesan am Stück | 2 TL getrockneter Majoran

Für 4 Personen | 20 Min. Zubereitung
Pro Portion ca. 735 kcal, 27 g EW, 24 g F, 96 g KH

1 Die Fusilli nach Packungsanweisung kochen. Inzwischen den Brokkoli waschen, putzen, in kleine Röschen zerteilen, den Strunk in Stücke schneiden und in Salzwasser zugedeckt bei starker Hitze in ca. 4–5 Min. bissfest garen.

2 Inzwischen die Tomaten abtropfen lassen und in feine Streifen schneiden. Das Öl in einer hohen beschichteten Pfanne erhitzen und die Tomaten darin anbraten. Den Parmesan reiben, Nudeln und Brokkoli in ein Sieb abgießen, zu den Tomaten in die Pfanne geben, Majoran und Parmesan darüberstreuen und untermischen.

Klassiker aus Italien

Penne mit Pesto

400 g Penne | 20 g Basilikum | 60 g Parmesan | 1 Knoblauchzehe | 80 ml Olivenöl | 30 g gemahlene Mandeln | Salz | Pfeffer

Für 4 Personen | 20 Min. Zubereitung
Pro Portion ca. 645 kcal, 19 g EW, 29 g F, 76 g KH

1 Die Nudeln nach Packungsanweisung kochen. Währenddessen das Basilikum waschen und trocken schütteln, die Blätter abzupfen. Den Parmesan grob zerkleinern. Die Knoblauchzehe vom Strunk befreien und durchpressen.

2 Inzwischen die Basilikumblätter mit dem Olivenöl, dem Parmesan, den Mandeln und dem Knoblauch in einem Blitzhacker fein pürieren. Falls die Masse zu fest ist, ca. 1–2 EL Nudelwasser dazugeben. Das Pesto mit Salz und Pfeffer abschmecken und zu den Nudeln servieren.

winterlich | raffiniert

Wirsing-Polenta-Gratin

800 ml Gemüsebrühe
1 EL Butter
200 g Polenta
1 kleiner Wirsing (ca. 600 g)
1 Zwiebel
2 EL Öl
150 g Bergkäse
Salz | Pfeffer | Currypulver
100 g Sahne
frisch geriebene Muskatnuss

Für 4 Personen | 20 Min. Zubereitung
Pro Portion ca. 500 kcal, 19 g EW, 28 g F, 42 g KH

1 Die Gemüsebrühe mit der Butter aufkochen. Die Polenta einrühren und zugedeckt bei ausgeschaltetem Herd ca. 10 Min. quellen lassen.

2 Inzwischen den Wirsing waschen, putzen und in ca. 1 cm breite Streifen schneiden. Die Zwiebel schälen und klein würfeln. In einer Pfanne das Öl erhitzen und die Zwiebelwürfel darin bei mittlerer Hitze glasig andünsten. Den Wirsing dazugeben und kurz mitbraten. 150 ml Wasser angießen, die Pfanne schließen und das Gemüse ca. 10 Min. bei mittlerer Hitze garen.

3 Den Backofengrill vorheizen. Den Käse reiben. Die Polenta mit Salz, Pfeffer und Currypulver würzen und in eine flache Auflaufform streichen. Die Sahne zum Gemüse geben und das Gemüse mit Salz, Pfeffer und Muskatnuss würzen. Das Gemüse über die Polenta geben und mit dem geriebenen Käse bestreuen. Das Ganze unter dem Backofengrill ca. 5 Min. überbacken.

ganz einfach

Nudel-Spinat-Gratin

300 g Nudeln (z. B. Makkaroni) | Salz
450 g TK-Blattspinat
200 g Sahne | 1 Knoblauchzehe
Pfeffer | frisch geriebene Muskatnuss
400 g Tomaten (ca. 6 Stück)
250 g Schafkäse (Feta)

Für 4 Personen | 30 Min. Zubereitung
Pro Portion ca. 610 kcal, 25 g EW, 29 g F, 61 g KH

1 Die Nudeln nach Packungsanweisung in Salzwasser garen und abgießen. Inzwischen den gefrorenen Spinat mit der Sahne in einen Kochtopf geben und aufkochen lassen. Den Knoblauch vom Strunk befreien und dazupressen. Das Gemüse mit Salz, Pfeffer und Muskat abschmecken.

2 Den Backofengrill vorheizen. Die Tomaten waschen, vom Stielansatz befreien und würfeln. Den Schafkäse in Scheiben schneiden. Die Nudeln in einer flachen Auflaufform mit Spinat und Tomaten mischen. Mit Salz und Pfeffer würzen. Käse darauf verteilen und unter dem Backofengrill ca. 7 Min. überbacken, bis der Käse leicht bräunt.

VARIANTE: MEDITERRANER GEMÜSEAUFLAUF

300 g Nudeln kochen. In einer Pfanne 2 EL Olivenöl erhitzen und 1 Packung italienisches TK-Gemüse (480 g) nach Packungsanweisung in der Pfanne auftauen lassen. 1 Dose stückige Tomaten (ca. 400 g) ca. 3 Min. darin erhitzen. Das Gemüse mit Salz, Pfeffer und italienischen Kräutern abschmecken. Die Nudeln abgießen und mit dem Gemüse in einer Auflaufform mischen. Mit 100 g geriebenem Käse bestreut unter dem Backofengrill 5 Min. gratinieren.

links: Nudel-Spinat-Gratin | rechts: Wirsing-Polenta-Gratin

AUSGEWÄHLT VON DER GU-KOCHBUCHREDAKTION

mediterran

Spaghetti mit Rucola und schwarzen Oliven

Das Sieger-Rezept des Großen GU-Rezeptwettbewerbs auf küchengötter.de! Mit Ihrem blitzschnellen Nudelgericht überzeugte Küchengöttin »milofee« die Kochbuchredaktion.

400 g Vollkornspaghetti
250 g Rucola
4 Tomaten
1 rote Peperonischote
2 Knoblauchzehen
1 Zitrone
6 El Olivenöl
100 g schwarze Oliven
Salz | Pfeffer

Für 4 Personen | 20 Min. Zubereitung
Pro Portion ca. 550 kcal, 17 g EW, 21 g F, 72 g KH

1 Die Vollkornspaghetti nach Packungsanweisung garen. Inzwischen den Rucola waschen, trocken schütteln, grobe Stile wegschneiden, dann in 1–2 cm große Stücke schneiden. Die Tomaten waschen, von den Stielansätzen befreien und in Würfelchen schneiden. Die Peperoni waschen und in feine Streifen schneiden. Die Knoblauchzehen schälen und fein würfeln. Die Zitrone auspressen.

2 Die Spaghetti in ein Sieb abgießen. Im gleichen Topf das Olivenöl erhitzen. Alle vorbereiteten Zutaten und die Oliven 1–2 Min. unter Rühren bei mittlerer Hitze im Öl erwärmen, mit Salz und Pfeffer würzen und der Hälfte des Zitronensafts abschmecken.

3 Die Spaghetti in einer großen Schüssel anrichten und das Gemüse in die Mitte geben. Den restlichen Zitronensaft dazuservieren.

Fisch und Fleisch

Auch mit Fisch und Fleisch kann man expresskochen und in kürzester Zeit eine komplette Mahlzeit auf den Tisch bringen. Mein absoluter Dauerbrenner ist dabei die mediterrane Zucchini-Hackfleisch-Pfanne. Sie ist in 25 Minuten fertig und schmeckt der ganzen Familie.

Zucchini-Hackfleisch-Pfanne

2 Tassen Langkornreis (ca. 250 g)
Salz | 1 Zwiebel
2 mittelgroße Zucchini (ca. 600 g)
2 EL Öl
500 g gemischtes Hackfleisch
500 g passierte Tomaten
1 TL getrocknete italienische Kräuter
1 EL Sojasauce
edelsüßes Paprikapulver | Pfeffer

Für 4 Personen | 25 Min. Zubereitung
Pro Portion ca. 635 kcal, 33 g EW, 31 g F, 53 g KH

1 Den Reis mit 4 Tassen Wasser und ½ TL Salz im zugedeckten Topf zum Kochen bringen und bei schwacher Hitze 15 Min. garen.

2 Die Zwiebel schälen und in kleine Würfel schneiden. Die Zucchini waschen, die Enden abschneiden und die Zucchini in 3–4 mm dicke Scheiben schneiden oder hobeln. Das Öl in einer hohen Pfanne erhitzen und die Zwiebelwürfel darin glasig dünsten. Das Hackfleisch dazugeben und bei starker Hitze mit anbraten, bis es krümelig und braun ist, dazu mit einem Holzlöffel immer wieder zerteilen.

3 Zucchini und Tomaten mit den italienischen Kräutern zum Hackfleisch geben und weitere 5 Min. mitbraten. Mit Sojasauce, Paprikapulver, Salz und Pfeffer abschmecken. Den Reis dazuservieren.

VARIANTE: CHILI CON CARNE

1 Zwiebel schälen, würfeln und mit 500 g gemischtem Hackfleisch in 2 EL Öl krümelig anbraten. Eine große Dose geschälte Tomaten (ca. 800 g Füllmenge) grob zerkleinern und mit dem Saft zufügen. 1 große Dose Kidneybohnen (ca. 500 g Abtropfgewicht) in ein Sieb abgießen, abtropfen lassen und zufügen. Alles aufkochen, mit Salz, Pfeffer, Chili- und Paprikapulver würzen.

würzig

Schnitzel mit Kartoffelspalten

800 g festkochende Kartoffeln
4 EL ÖL
4 Schweineschnitzel (à 120 g)
2 Gemüsezwiebeln (ca. 500 g)
100 g Sahne
Salz | Pfeffer
1 TL Aceto balsamico
edelsüßes Paprikapulver

Für 4 Personen | 25 Min. Zubereitung
Pro Portion ca. 440 kcal, 32 g EW, 21 g F, 31 g KH

1 Die Kartoffeln waschen, schälen und in dünne Spalten schneiden. 2 EL Öl in einer Pfanne erhitzen und die Kartoffeln darin anbraten. Die Pfanne schließen und die Kartoffeln ca. 20 Min. bei mittlerer Hitze garen. Dabei gelegentlich wenden.

2 Das restliche Öl in einer zweiten Pfanne erhitzen und die Schnitzel darin bei starker Hitze von beiden Seiten jeweils ca. 4 Min. anbraten.

3 Inzwischen den Backofen auf 50° vorheizen. Die Gemüsezwiebeln schälen, halbieren und in Streifen schneiden. Die Schnitzel aus der Pfanne nehmen und im Ofen warm halten.

4 Die Zwiebeln in dem Bratfett bei mittlerer Hitze anbraten und bei geschlossener Pfanne und mittlerer Hitze ca. 10 Min. garen. Zum Schluss die Sahne angießen und die Sauce mit Salz, Pfeffer und Aceto balsamico abschmecken. Die Kartoffelspalten mit Salz, Pfeffer und Paprikapulver würzen.

mediterran

Minutensteaks mit Rosmarinkartoffeln

1 kg festkochende Kartoffeln
Salz
2 EL Öl
4 Minutensteaks (à 80 g)
Pfeffer
1 TL frische oder getrocknete Rosmarinnadeln

Für 4 Personen | 25 Min. Zubereitung
Pro Portion ca. 340 kcal, 20 g EW, 16 g F, 30 g KH

1 Kartoffeln waschen, schälen und in ca. 1 cm große Würfel schneiden. Reichlich Salzwasser zum Kochen bringen und die Kartoffeln darin zugedeckt bei mittlerer Hitze in ca. 15 Min. garen.

2 Den Backofen auf 50° vorheizen. Kurz bevor die Kartoffeln gar sind, das Öl in einer Pfanne erhitzen und die Steaks darin von beiden Seiten ca. 2 Min. scharf anbraten und mit Pfeffer und Salz würzen.

3 Die Kartoffeln in ein Sieb gießen, abtropfen lassen und mit dem Rosmarin mischen. Die Steaks aus der Pfanne nehmen und im Backofen warm halten. Die Kartoffeln im Bratensatz ca. 5 Min. anbraten, bis sie knusprig braun sind. Dazu passen Butterböhnchen oder ein frischer Salat.

KÜCHENTECHNIKTIPP

Minutensteaks wirklich immer nur kurz braten und warm halten. Sonst werden sie trocken.

oben: Schnitzel mit Kartoffelspalten | unten: Minutensteaks mit Rosmarinkartoffeln

mild | macht schnell was her

Hühnerfrikassee mit Spargel

Auch diesen Klassiker kann man expresskochen. Weißer Spargel und knackige Erbsen verleihen dem Frühlingsgericht ein feines Aroma.

500 g Hühnerbrustfilet
2 EL Öl
500 ml Hühnerbrühe
100 ml Weißwein (ersatzweise Hühnerbrühe)
500 g weißer Spargel
200 g TK-Erbsen
½ Bund Petersilie
100 g Sahne
1 TL Speisestärke
Salz | Pfeffer

Für 4 Personen | 30 Min. Zubereitung
Pro Portion ca. 380 kcal, 34 g EW, 22 g F, 12 g KH

1 Das Hähnchenbrustfilet in ca. 1 cm breite Streifen schneiden. Das Öl in einer hohen Pfanne erhitzen und das Fleisch darin bei starker Hitze unter Rühren anbraten, bis es ganz leicht Farbe angenommen hat, aber noch nicht bräunt. Die Brühe und den Weißwein angießen. Die Pfanne schließen und das Fleisch bei mittlerer Hitze ca. 7 Min. garen.

2 Inzwischen den Spargel schälen, in 3–4 cm lange Stücke schneiden und zusammen mit den gefrorenen Erbsen zum Fleisch geben. Den Deckel wieder schließen und das Frikassee bei mittlerer Hitze ca. 10 Min. köcheln, bis das Gemüse gar ist.

3 Die Petersilie waschen, trocken schütteln und klein schneiden. Die Sahne zum Frikassee gießen. Die Stärke mit 1–2 EL Wasser glatt rühren, in die kochende Sauce einrühren und nochmals aufkochen lassen. Mit Salz und Pfeffer abschmecken und mit der Petersilie bestreut servieren.

UND DAZU?

Dazu passen Kartoffeln oder grüne Bandnudeln. Oder wie wäre es mit einem Kräuterreis? Dafür zunächst Parboiled Reis nach Packungsanweisung kochen. Inzwischen ½ Bund Petersilie waschen, trocken schütteln und fein hacken. Die Schale von ½ Bio-Zitrone abreiben. Petersilie und Zitronenschale unter den fertigen Reis mischen und mit Salz und Pfeffer abschmecken.

VARIANTE: GESCHNETZELTES STROGANOFF

500 g Schweineschnitzel in Streifen schneiden. 2 Zwiebeln schälen und würfeln. 300 g Champignons putzen und in Scheiben schneiden. Das Fleisch bei starker Hitze ca. 5 Min. in 2 EL Öl anbraten, die Hitze reduzieren und die Zwiebelwürfel und Champignons zufügen und weitere 2–3 Min. mitbraten. 200 ml Gemüsebrühe angießen und das Ganze zugedeckt bei mittlerer Hitze 5 Min. schmoren lassen. 150 g Gewürzgurken in feine Scheiben schneiden und zufügen. Die Sauce mit 2 TL angerührter Speisestärke kurz aufkochen lassen. 2 TL Senf und 100 g Schmant einrühren. Mit Salz und Pfeffer abschmecken. Dazu passt Reis.

süßsauer | für Gäste

Curry-Huhn mit Ananas

Der Wok ist der Star beim Expresskochen. In diesem asiatisch inspirierten Gericht spielen jede Menge gesundes Gemüse und zartes Hähnchenbrustfilet die Hauptrolle. Ananas und rote Thai-Currypaste sorgen für fruchtige Schärfe.

400 g Hühnerbrustfilet
2 große Zwiebeln
2 Möhren
je 1 rote und 1 grüne Paprikaschote
2 EL Öl
1 Knoblauchzehe
2 EL Tomatenmark
1 Stange Lauch
1 kleiner Zucchino (ca. 200 g)
200 g Mungbohnensprossen
1 Dose Ananasstücke (ca. 560 g Füllmenge)
1 EL Honig
1 TL rote Thai-Currypaste
1 EL Sojasauce
je 1 TL gemahlener Koriander
und gemahlener Ingwer
2 EL Schmant (nach Belieben)
Pfeffer | Salz

Für 4 Personen | 30 Min. Zubereitung
Pro Portion ca. 385 kcal, 27 g EW, 14 g F, 37 g KH

1 Das Hühnerbrustfilet in 1 cm breite Streifen schneiden. Die Zwiebeln schälen und würfeln. Die Möhren schälen und in dünne Scheiben schneiden. Die Paprikaschoten halbieren, putzen, waschen und in Stücke schneiden.

2 Das Öl im Wok oder einer hohen Pfanne erhitzen und darin die Zwiebeln bei mittlerer Hitze glasig dünsten. Den Knoblauch vom Strunk befreien und dazupressen. Das Hühnerbrustfilet bei starker Hitze ca. 5 Min. mitbraten, dann alles aus der Pfanne nehmen und beiseite stellen.

3 Die Möhren bei mittlerer Hitze in der offenen Pfanne ca. 5 Min. anbraten. Tomatenmark zufügen. Die Paprikastücke dazugeben und das Ganze ca. 5 Min. bei mittlerer Hitze zugedeckt garen.

4 Inzwischen den Lauch putzen, längs aufschlitzen, gründlich waschen, in Ringe schneiden, zufügen und alles ca. 5 Min. in der geschlossenen Pfanne bei mittlerer Hitze weitergaren. Den Zucchino waschen, würfeln und zugeben. Weitere 3 Min. zugedeckt schmoren lassen.

5 Die Mungbohnensprossen kalt abspülen, abtropfen lassen und mit den Ananasstücken samt Saft und dem Fleisch zum Gemüse geben. Alles noch einmal erhitzen. Mit Honig, Currypaste, Sojasauce, Koriander und Ingwer würzen. Nach Belieben Schmant unterrühren. Mit Pfeffer und Salz abschmecken.

UND DAZU?

Asiatische Glasnudeln oder asiatische Instantnudeln passen sehr gut dazu. Dafür 250 g asiatische Instantnudeln in kochendes Wasser geben. Den Topf von der Platte nehmen. Nach 4 Min. die Nudeln mit einer Gabel umrühren und in ein Sieb abgießen. Oder 250 g Reisglasnudeln nach Packungsanweisung zubereiten.

deftig

Dicke-Bohnen-Topf mit Kabanossi

Dicke Bohnen enthalten jede Menge Eiweiß und sind tolle Sattmacher. Dieser herzhafte Eintopf ist deshalb genau das Richtige für eine hungrige Familie.

500 g festkochende Kartoffeln
1 Zwiebel
2 EL Öl
500 ml Gemüsebrühe
200 g Mini-Kabanossi
300 g Dicke Bohnen (TK-Ware)
4–6 Zweige Bohnenkraut
1 Bund Petersilie
100 g Sahne
Salz | Pfeffer

Für 4 Personen | ◷ 30 Min. Zubereitung
Pro Portion ca. 430 kcal, 19 g EW, 29 g F, 23 g KH

1 Die Kartoffeln schälen, waschen und in 1 cm große Würfel schneiden. Die Zwiebel schälen und fein würfeln. Das Öl in einem Topf erhitzen. Die Zwiebel darin 2–3 Min. glasig dünsten und die Gemüsebrühe angießen.

2 Kartoffeln, Kabanossi und die gefrorenen Bohnen in den Topf geben. Bohnenkraut waschen, trocken schütteln, Blättchen von den Stielen zupfen und dazugeben. Das Ganze ca. 15 Min. im zugedeckten Topf bei mittlerer Hitze garen. Petersilie waschen, trocken schütteln und fein hacken. Sahne und Petersilie in den Eintopf rühren. Das Gericht mit Salz und Pfeffer abschmecken.

GUT ZU WISSEN

Dicke Bohnen, auch als Große Bohnen, Puff-, Acker-, Pferde- oder Saubohnen bekannt, sind botanisch betrachtet keine echten Bohnen. Stattdessen handelt es sich um eine Wickenart. In der bohnenähnlichen Schote der Dicken Bohne liegen vier bis sechs weiße Kerne, die sogenannten Dicken Bohnen.

TAUSCH-TIPPS

Die Dicken Bohnen (und das Bohnenkraut) lassen sich gut durch grüne Bohnen, Stangenbohnen, Möhren oder Rosenkohl ersetzen. Wer keine Kabanossi mag, ersetzt sie durch 125 g gewürfelten Schinkenspeck. Diesen dann zusammen mit Zwiebelwürfeln anbraten.

VARIANTE: BIRNEN, BOHNEN UND SPECK

Für diese rustikale Spezialität aus Norddeutschland 1 Zwiebel schälen und klein würfeln. Von etwa 400 g Schinkenspeck (mit Schwarte) die Schwarte abschneiden und den durchwachsenen Speck quer zur Marmorierung in kurze schmale Streifen schneiden. 600 g Kartoffeln schälen und in ca. 2 cm große Würfel schneiden. 2 EL Öl in einem großen Topf erhitzen und die Zwiebel, Schwarte und Speckstreifen bei mittlerer Hitze 2 Min. anbraten. Kartoffeln zufügen und weitere 3 Min. mitbraten. 1 l heißes Wasser dazugießen und das Ganze ca. 10 Min. zugedeckt bei mittlerer Hitze köcheln. Inzwischen etwa 600 g Birnen (ca. 4 Stück) waschen, mit der Schale vierteln, das Kerngehäuse entfernen und die Birne in Achtel schneiden. 600 g grüne TK-Bohnen (gefroren) und die Birnen in den Eintopf geben, alles aufkochen lassen und ca. 10 Min. zugedeckt bei mittlerer Hitze kochen lassen, bis alles gar ist. Die Schwarte entfernen, mit Salz abschmecken und servieren.

Spezialität aus den Niederlanden

Endivien-Stampf

1 kg vorwiegend festkochende Kartoffeln
Salz
1 Endiviensalat (geputzt ca. 250 g)
1 Zwiebel
200 g roher Schinkenspeck
2 EL Öl
250 ml Milch
30 g Butter
Pfeffer | frisch geriebene Muskatnuss
1 TL Weißweinessig

Für 4 Personen | 30 Min. Zubereitung
Pro Portion ca. 365 kcal, 18 g EW, 18 g F, 31 g KH

1 Die Kartoffeln schälen, in grobe Stücke schneiden und in Salzwasser zugedeckt bei mittlerer Hitze 15–20 Min. garen. Den Endiviensalat putzen, waschen, schleudern und in Streifen schneiden.

2 Die Zwiebel schälen und würfeln. Den Schinkenspeck ebenfalls in kleine Würfel schneiden. Das Öl in einer Pfanne erhitzen und darin bei mittlerer Hitze die Zwiebel mit den Schinkenwürfeln anbraten.

3 Die Milch erhitzen. Sobald die Kartoffeln gar sind, das Kochwasser abgießen. Die Milch und die Butter zu den Kartoffeln geben und das Ganze mit dem Kartoffelstampfer zermusen und mit Salz, Pfeffer und Muskatnuss würzen. Den Speck und die Zwiebeln sowie den Endiviensalat unterrühren. Nochmals mit Salz, Pfeffer und Essig abschmecken.

GUT ZU WISSEN

Statt Endivie eignen sich auch alle anderen leicht bitter schmeckenden Salate wie Frisée oder Radicchio.

winterlich | deftig

Spitzkohl-Pfanne

1 Zwiebel
1 kleiner Spitzkohl (ca. 500 g)
2 EL Öl
500 g gemischtes Hackfleisch
150 ml Brühe
1 Möhre
½ Bund Petersilie
100 g Sahne
1 TL Speisestärke
Salz | Pfeffer
2 EL Weißwein (nach Belieben)
1 TL Aceto balsamico
1 TL Sojasauce

Für 4 Personen | 25 Min. Zubereitung
Pro Portion ca. 485 kcal, 28 g EW, 38 g F, 6 g KH

1 Die Zwiebel schälen und würfeln. Den Spitzkohl putzen, waschen, halbieren, den Strunk keilförmig herausschneiden und den Kohl in ca. 1 cm breite Streifen schneiden. Das Öl in einer hohen Pfanne erhitzen und das Hackfleisch darin bei starker Hitze krümelig anbraten. Die Zwiebelwürfel dazugeben und mitbraten. Den Kohl zum Fleisch in die Pfanne geben. Die Brühe angießen und das Ganze zugedeckt bei mittlerer Hitze ca. 10 Min. garen.

2 Inzwischen die Möhre schälen, grob raspeln, in die Pfanne geben und 5–8 Min. mitgaren. Die Petersilie waschen, trocken schütteln und hacken. Die Sahne angießen. Die Speisestärke mit 1–2 EL Wasser anrühren, in die Pfanne geben und aufkochen. Das Gericht mit Salz, Pfeffer, Weißwein, Aceto balsamico und Sojasauce abschmecken. Mit der gehackten Petersilie bestreut servieren.

oben: Endivien-Stampf | unten: Spitzkohl-Pfanne

für Gäste

Russischer Lachstopf

2 Stangen Lauch
2 Stangen Staudensellerie
2 Möhren
1 EL Butter
3 Knoblauchzehen
1 l Fischfond | 2 EL Tomatenmark
500 g vorwiegend festkochende Kartoffeln
600 g Lachsfilet ohne Haut
1 Bund Dill
Salz | Pfeffer
4 EL Crème fraîche
1 TL Meerrettich (aus dem Glas)

Für 4 Personen
25 Min. Zubereitung | 10 Min. Kochen
Pro Portion ca. 495 kcal, 35 g EW, 10 g F, 42 g KH

1 Lauch und Staudensellerie putzen, waschen und in Ringe bzw. Scheiben schneiden. Die Möhren schälen und in dünne Scheiben schneiden oder hobeln. Butter in einem großen Topf erhitzen und das Gemüse darin andünsten. Den Knoblauch vom Strunk befreien und dazupressen. Den Fischfond angießen, Tomatenmark zugeben und alles zugedeckt bei mittlerer Hitze 5 Min. köcheln lassen.

2 Die Kartoffeln schälen, waschen, in 1 cm große Würfel schneiden, zum Gemüse geben und alles zugedeckt bei mittlerer Hitze in ca. 10 Min. gar kochen. Den Lachs in 3 cm große Stücke schneiden und in die kochende Suppe geben. Nicht mehr kochen, nur noch 5 Min. ziehen lassen. Den Dill waschen, trocken schütteln, von den Stielen abstreifen, klein schneiden und zufügen. Mit Salz, Pfeffer, Crème fraîche und Meerrettich abschmecken.

edel

Tagliatelle mit Garnelen

500 g Knollensellerie (ca. ½ Knolle)
1 Zwiebel
200 g geschälte gegarte Garnelen
2 EL Öl
250 ml Gemüsebrühe
600 g frische Tagliatelle (Kühlregal)
½ Bund Petersilie
100 g Schmant
1 TL frisch gepresster Zitronensaft
Salz | Pfeffer

Für 4 Personen | 30 Min. Zubereitung
Pro Portion ca. 425 kcal, 18 g EW, 15 g F, 53 g KH

1 Die Sellerie schälen und in ca. 1 cm große Würfel schneiden. Die Zwiebel schälen und würfeln. Die Garnelen abgießen und abtropfen lassen.

2 Das Öl in einer Pfanne erhitzen und die Garnelen darin bei mittlerer Hitze anbraten, aus der Pfanne nehmen und in dem Bratensatz die Zwiebeln anbraten. Sellerie dazugeben und kurz mitdünsten. Die Brühe angießen und alles zugedeckt bei mittlerer Hitze in ca. 10 Min. garen.

3 Die Tagliatelle nach Packungsanweisung zubereiten. Die Petersilie waschen, trocken schütteln und klein hacken. Die Garnelen und den Schmant in die Pfanne geben. Die Sauce mit Zitronensaft, Salz und Pfeffer abschmecken. Mit der Petersilie bestreuen und zu den Nudeln servieren.

VARIANTE MIT LAUCH

Wer weniger Selleriegeschmack möchte, kann die Hälfte des Selleries durch Lauch ersetzen.

oben: Russischer Lachstopf | unten: Tagliatelle mit Garnelen

ganz einfach

Farfalle mit Erbsen und Räucherlachs

Dieses bunte Nudelgericht mit Erbsen und Mais kommt nicht nur bei Kindern gut an. Wer schnell und edel kochen will, wird diese Pasta öfter auf den Tisch bringen.

300 g Farfalle
Salz
300 g TK-Erbsen
100 g Räucherlachs in Scheiben
1 Dose Mais (ca. 285 g Abtropfgewicht)
200 g Sahne
frisch gemahlener Pfeffer
frisch geriebene Muskatnuss

Für 4 Personen | 15 Min. Zubereitung
Pro Portion ca. 600 kcal, 25 g EW, 23 g F, 74 g KH

1 Die Nudeln nach Packungsanweisung in reichlich Salzwasser kochen. Die gefrorenen Erbsen mit 100 ml Wasser in einen kleinen Topf geben, den Deckel schließen und das Gemüse in ca. 10 Min. bei mittlerer Hitze bissfest garen.

2 Inzwischen den Räucherlachs in ca. 2 cm breite Streifen schneiden. Den Mais in ein Sieb gießen und gut abtropfen lassen.

3 Zuerst die gegarten Nudeln in ein Sieb gießen, anschließend die Erbsen abgießen. Nudeln, Erbsen, Sahne und Mais im Kochtopf vermischen und mit Salz, Pfeffer und geriebener Muskatnuss würzen.

4 Die Sauce ca. 3 Min. einkochen lassen, bis die Sahne dickflüssig ist. Zum Schluss die Räucherlachsstreifen untermischen.

VARIANTE MIT THUNFISCH-KAPERN-SAUCE

400 g Nudeln, zum Beispiel Bandnudeln, nach Packungsanweisung kochen. Die fertigen Nudeln abgießen und mit 200 g Schmant, 1 Dose zerpflücktem Thunfisch (naturell, ca. 185 g Abtropfgewicht) und 4 TL Kapern mischen und kurz aufkochen lassen. Mit Salz, Pfeffer und frisch gepresstem Zitronensaft abschmecken.

VARIANTE: ROTBARSCH IN FENCHEL-SAUCE

500 g Fenchel waschen, putzen, halbieren, den Strunk herausschneiden und die Knolle in feine Streifen schneiden. 1 Möhre schälen und grob raspeln. 1 Zwiebel schälen, würfeln, in 2 EL Öl glasig braten, das übrige Gemüse zugeben und kurz mit anbraten. 250 ml Gemüsebrühe und 100 ml Weißwein angießen und bei mittlerer Hitze ca. 12 Min. zugedeckt dünsten. ½ Zitrone waschen, abtrocknen, die Schale abreiben, zum Gemüse geben und den Saft auspressen. 500 g Rotbarschfilet in mundgerechte Stücke schneiden, salzen, pfeffern und mit Zitronensaft beträufeln. Den Fisch in 2 EL Öl ca. 5 Min. anbraten, zum Gemüse geben, 150 ml Sahne angießen und die Flüssigkeit etwa 5 Minuten einkochen lassen. 1 Bund Dill waschen, trocken schütteln, die Spitzen von den Stielen abstreifen und klein schneiden. Das Ragout mit Salz, Pfeffer und Zitronensaft würzen und mit Dill bestreuen. Dazu passen Reis oder Kartoffeln.

Fruchtige Desserts

Wenn es schnell gehen muss, wird oft ganz auf den Nachtisch verzichtet. Das muss gar nicht sein, denn viele Desserts lassen sich ganz schnell zusammenrühren oder einschichten. Mein Lieblings-Express-Dessert ist die sahnige Kokos-Mango-Creme, die selbst gemacht noch besser schmeckt als im Thai-Restaurant.

Kokos-Mango-Creme

2 reife Mangos
½ Limette
200 ml Kokosmilch (aus der Dose)
50 g Schmant
3 EL Rohrohrzucker

Für 4 Personen
10 Min. Zubereitung | 15 Min. Kühlen
Pro Portion ca. 150 kcal, 1 g EW, 4 g F, 28 g KH

1 Die Mangos schälen. Das Fruchtfleisch vom Kern schneiden und grob würfeln. Die Limettenhälfte auspressen.

2 Die Fruchtstücke mit der Kokosmilch, dem Schmant, dem Limettensaft und dem Zucker im Blitzhacker oder mit dem Pürierstab pürieren.

3 Die Creme in Dessertschälchen füllen und vor dem Verzehr mindestens 15 Min. kühlen.

GUT ZU WISSEN
Reife Mangos erkennt man daran, dass sie intensiv duften und auf Druck leicht nachgeben.

KÜCHENTECHNIKTIPP
Möchte man das Fruchtfleisch von reifen Mangos verwenden, schneidet man die Frucht am besten der Länge nach in drei Teile, im mittleren befindet sich dann der Kern. Das Fruchtfleisch kann nun aus den beiden äußeren »Backen« gelöst werden. Anschließend noch den Rest vom Kern befreien.

SERVIERTIPP
Gästefein wird das Dessert mit geschlagener Sahne und zerkrümeltem Kokos-Zwieback.

für Schokofans | Kinderhit

Schoko-Obstspieße

Diese fruchtigen Spieße wandern im Expresstempo von der Hand in den Mund. Zum Glück sind sie schnell gemacht, und so kann ständig für Nachschub gesorgt werden.

100 g Zartbitter-Kuvertüre (zum Erwärmen in der Packung) | 200 g Erdbeeren | 1 Apfel | 1 Banane | 4 El gehackte Mandeln | ca. 26 Zahnstocher zum Aufspießen | Pergamentpapier

Für ca. 26 Stück | 15 Min. Zubereitung
Pro Stück ca. 40 kcal, 1 g EW, 2 g F, 4 g KH

1 Die Kuvertüre nach Packungsanleitung im Wasserbad schmelzen. Die Erdbeeren waschen und von den Stielansätzen befreien. Den Apfel waschen und in mundgerechte Stücke schneiden, dabei das Kerngehäuse entfernen. Die Banane schälen und in 2 cm dicke Scheiben schneiden.

2 Jeweils 2 Obststücke mit einem Zahnstocher aufspießen und dicht nebeneinander auf einen mit Pergamentpapier ausgelegten Teller stellen. Die Kuvertüre aus der Packung über die Spieße träufeln und gehackte Mandeln aufstreuen. Die Kuvertüre vor dem Servieren erkalten lassen.

UND DAZU?

Für Gäste können Sie die Spieße mit einer Kugel Vanilleeis und Eierlikör servieren.

VARIANTEN

Die Spieße schmecken auch mit Trauben, Birnen, Pfirsichen oder Nektarinen. Zur Abwechslung können Sie auch weiße Kuvertüre nehmen.

winterlich

Feigen in Rotwein

200 g getrocknete Feigen | 200 ml Rotwein | Schale ½ Bio-Zitrone | ½ TL Zimtpulver | 125 ml Sahne | 4 TL Mandelblättchen zum Garnieren

Für 4 Personen
15 Min. Zubereitung | 15 Min. Abkühlen
Pro Portion ca. 250 kcal, 4 g EW, 13 g F, 28 g KH

1 Die Feigen waschen und achteln. Zusammen mit dem Wein, der Zitronenschale und dem Zimt aufkochen und 10 Min. zugedeckt bei kleiner Hitze weiterkochen lassen.

2 Den Topf öffnen und samt Inhalt in kaltem Wasser abkühlen lassen. Die Sahne mit dem Handrührgerät steif schlagen. Die Feigen mit der Sauce auf Dessertschälchen verteilen. Mit Sahne und Mandelblättchen servieren.

für Süßschnäbel

Gebratene Bananen

1 Zitrone | 4 feste Bananen | 2 EL Butter | 2 EL Zucker | 2 EL Kokosflocken | 50 ml frisch gepresster Orangensaft

Für 4 Personen | 15 Min. Zubereitung
Pro Portion ca. 230 kcal, 2 g EW, 8 g F, 39 g KH

1 Den Backofen auf 50° vorheizen. Die Zitrone auspressen. Die Bananen schälen und mit Zitronensaft bepinseln. Die Butter in einer Pfanne erhitzen und die Bananen darin von beiden Seiten jeweils ca. 3 Min. braten. Aus der Pfanne nehmen und im Backofen warm halten.

2 Den Zucker im Bratfett der Bananen bei mittlerer Hitze karamellisieren lassen. Kokosflocken, restlichen Zitronensaft und Orangensaft unterrühren und das Ganze so lange kochen, bis sich der Zucker gelöst hat. Die Sauce über die Bananen gießen und das Dessert warm servieren.

Klassiker

Westfälische Quarkspeise

100 g Pumpernickel
1 Glas Sauerkirschen (ca. 350 g Abtropfgewicht)
500 g Quark (40 % Fett)
125 ml Milch
3 EL Zucker
1 Päckchen Vanillezucker
50 g Raspelschokolade (Fertigprodukt)
2 TL Rum oder Kirschwasser (nach Belieben)

Für 4 Personen
15 Min. Zubereitung | 30 Min. Kühlen
Pro Portion ca. 470 kcal, 18 g EW, 20 g F, 50 g KH

1 Den Pumpernickel im Blitzhacker zerbröseln und die Krümel in einer Pfanne ohne Fett ca. 5 Min. bei mittlerer Hitze anrösten.

2 Die Kirschen in ein Sieb abgießen und gründlich abtropfen lassen, dabei den Saft auffangen. Den Quark mit der Milch, dem Zucker und dem Vanillezucker glatt rühren.

3 Die Pumpernickelkrümel mit der Raspelschokolade mischen. Zwei Drittel davon auf 4 Dessertschälchen verteilen. Jeweils 2 EL Kirschsaft und nach Belieben Rum oder Kirschwasser darüberträufeln. Erst die Kirschen, dann den Quark darauf verteilen. Mit den restlichen Krümeln garnieren. Das Dessert mindestens 30 Min. im Kühlschrank durchziehen lassen.

fruchtig

Erdbeer-Knusper-Quark

500 g Erdbeeren
5 EL Ahornsirup
1 Zitrone
500 g Quark (40 % Fett)
5 EL Milch
100 g Crunchys (Müslifertigprodukt)

Für 4 Portionen | 20 Min. Zubereitung
Pro Portion ca. 380 kcal, 17 g EW, 16 g F, 42 g KH

1 Die Erdbeeren waschen, die Stielansätze entfernen und vierteln. Ein Drittel der Erdbeeren mit 1 EL Ahornsirup pürieren. Die übrigen Erdbeeren unter das Püree mischen.

2 Die Zitrone auspressen. Den Quark mit Milch, Zitronensaft und restlichem Ahornsirup glatt rühren. Die Creme abwechselnd mit den Erdbeeren und dem Müsli in 4 Gläser schichten. Mit Creme und Müsli abschließen.

VARIANTE MIT BROMBEEREN

250 g Magerquark mit 150 g saurer Sahne, dem Saft ½ Zitrone und 1 EL Zucker gut verrühren. 1 Banane schälen, klein würfeln und mit einem Drittel der Quarkcreme vermischen. 200 g Brombeeren oder Himbeeren verlesen und mit der restlichen Quarkcreme vermischen. Ca. 40 g Russisch-Brot-Kekse zerbröckeln. Die beiden Quarkcremes abwechselnd mit Russisch Brot in 4 Gläser schichten, dabei möglichst mit Russisch Brot abschließen.

links: Westfälische Quarkspeise | rechts: Erdbeer-Knusper-Quark

süße Hauptspeise

Heidelbeerschmarrn

200 g Heidelbeeren
4 Eier
120 g Vollkornmehl
2 Prisen Salz
100 ml Milch
2 EL kohlensäurehaltiges Mineralwasser
2 TL flüssiger Honig
3 EL Butter
2 EL Zucker
Puderzucker zum Bestäuben

Für 4 Personen | 25 Min. Zubereitung
Pro Portion ca. 325 kcal, 12 g EW, 14 g F, 35 g KH

1 Die Heidelbeeren verlesen. Die Eier trennen. Die Eiweiße mit dem Handrührgerät steif schlagen. Die Eigelbe mit Mehl, Salz, Milch, Mineralwasser und Honig verrühren und den Eischnee unterheben.

2 1 EL Butter in einer beschichteten Pfanne bei mittlerer Hitze schmelzen. Die Heidelbeeren mit dem Zucker mischen. 1 Schöpfkelle Teig in die Pfanne geben und verstreichen. Wenn der Teig fest zu werden beginnt, ca. 3 EL Heidelbeeren daraufgeben. 1 Schöpfkelle Teig über den Heidelbeeren verteilen, vorsichtig wenden und anbraten.

3 Den Pfannkuchen in Stücke reißen und ca. 5 Min. weiterbacken, bis die Beeren anfangen zu platzen und der Teig überall gestockt ist. Aus der Pfanne nehmen und warm stellen. Mit dem restlichen Teig und den Beeren genauso verfahren, bis der Teig aufgebraucht ist. Den Schmarrn mit Puderzucker bestäuben. Dazu passt Vanillesauce.

blitzschnell | nussig-mild

Süße Mohn-Polenta

500 ml Milch
50 g Polenta
50 g gemahlener Mohn
40 g Zucker
1 Päckchen Vanillezucker

Für 4 Personen | 15 Min. Zubereitung
Pro Portion ca. 210 kcal, 6 g EW, 6 g F, 26 g KH

1 Die Milch in einem Topf unter Rühren zum Kochen bringen. Die Polenta mit Mohn, Zucker und Vanillezucker mischen.

2 Sobald die Milch kocht, die Polenta-Zucker-Mischung mit einem Schneebesen einrühren. Den Topf schließen, den Herd ausschalten und das Ganze ca. 10 Min. quellen lassen. Zum Servieren den Brei in eine Schüssel geben. Er schmeckt lauwarm und kalt. Wer die Polenta kalt servieren möchte, stellt den Topf samt Inhalt zum Abkühlen für ca. 15 Min. in kaltes Wasser.

UND DAZU?

Für ein Pflaumenkompott 400 g Pflaumen waschen, halbieren und entsteinen. 125 ml Wasser mit 1–2 EL Zucker und nach Belieben ½ Zimtstange aufkochen. Pflaumen zugeben und aufkochen. Bei schwacher Hitze zugedeckt 5–10 Min. garen. Die Zimtstange entfernen.

GUT ZU WISSEN

Gemahlenen Mohn gibt es als Dampfmohn im Supermarkt. Dieser mit Dampf haltbar gemachte Mohn kommt ohne Konservierungsstoffe aus. Wer nur ganzen Mohn bekommt, kann ihn im Blitzhacker mahlen.

oben: Heidelbeerschmarrn | unten: Süße Mohn-Polenta

gut vorzubereiten | für Gäste

Süße Lasagne

Die Schichten dieser Nachspeise entstehen durch Löffelbiskuits, die mit Himbeeren, Quarkcreme, Sahne und weißen Schokoraspeln so eingeschichtet werden, dass das Ganze wie eine richtige Lasagne aussieht.

300 g TK-Himbeeren
1 Päckchen Vanillezucker
250 g Magerquark
300 g Joghurt
200 g Frischkäse
12 Löffelbiskuits
200 g Sahne
100 g weiße Schokolade

Für 4 bis 6 Personen
20 Min. Zubereitung | 10 Min. Kühlen
Pro Portion ca. 450 kcal, 14 g EW, 25 g F, 43 g KH

1 Die gefrorenen Himbeeren mit dem Vanillezucker in einen kleinen Topf geben und bei mittlerer Hitze offen ca. 5 Min. auftauen lassen. Den Quark, Joghurt und Frischkäse gut miteinander verrühren und die Hälfte dieser Creme in eine flache Auflaufform streichen.

2 Die Löffelbiskuits dicht nebeneinander auf die Creme legen. Nun die andere Hälfte der Quarkmasse darüber verstreichen. Anschließend die Himbeeren auf der Quarkcreme verteilen.

3 Die Sahne mit dem Handrührgerät steif schlagen und auf den Himbeeren verstreichen. Die weiße Schokolade raspeln und die Lasagne damit bestreuen. Das Ganze mindestens 10 Min. im Kühlschrank durchziehen lassen.

KÜCHENTECHNIKTIPP

Die Schokolade klebt beim Raspeln nicht, wenn sie vorher gut gekühlt wurde.

VARIANTE: BEERENBAISER

4 fertige Baisers vom Bäcker (ca. 40 g) mit den Händen in eine flache Auflaufform bröseln. 300 g angetaute TK-Himbeeren darauf verteilen. 200 g Sahne halb steif schlagen, sodass sie noch leicht flüssig ist. Die Sahne sorgfältig auf den Himbeeren verteilen. Das Beerenbaiser ca. 25 Min. stehen lassen, bis die Beeren zwar noch kalt, aber aufgetaut sind.

VARIANTE: HIMBEER-SCHICHTSPEISE

300 g TK-Himbeeren 5 Min. bei mittlerer Hitze im offenen Topf auftauen lassen. 200 g Sahne mit dem Handrührgerät steif schlagen und mit je 1 Päckchen Sahnesteif und Vanillezucker und 3 EL Zucker verrühren. Auf höchster Stufe des Rührgeräts 200 g Frischkäse und 100 g saure Sahne unterrühren. Erst die Sahnemasse, darüber dann die Himbeeren in eine Schüssel schichten. Nach Belieben 1 EL Orangenlikör darüberträufeln. 2 EL Mandelblättchen in einer trockenen beschichteten Pfanne rösten und darüberstreuen.

Zum Gebrauch
Damit Sie Rezepte mit bestimmten Zutaten noch schneller finden können, stehen in diesem Register zusätzlich auch beliebte Zutaten wie **Möhren** oder **Tomaten** – ebenfalls alphabetisch geordnet und **hervorgehoben** – über den entsprechenden Rezepten.

DAS ORIGINAL MIT GARANTIE

Unsere Garantie

Alle Informationen in diesem Ratgeber sind sorgfältig und gewissenhaft geprüft. Sollte dennoch einmal ein Fehler enthalten sein, schicken Sie uns das Buch mit dem entsprechenden Hinweis an unseren Leserservice zurück. Wir tauschen Ihnen den GU-Ratgeber gegen einen anderen zum gleichen oder ähnlichen Thema um.

Liebe Leserin und lieber Leser,

wir freuen uns, dass Sie sich für ein GU-Buch entschieden haben. Mit Ihrem Kauf setzen Sie auf die Qualität, Kompetenz und Aktualität unserer Ratgeber. Dafür sagen wir Danke! Wir wollen als führender Ratgeberverlag noch besser werden. Daher ist uns Ihre Meinung wichtig. Bitte senden Sie uns Ihre Anregungen, Ihre Kritik oder Ihr Lob zu unseren Büchern. Haben Sie Fragen oder benötigen Sie weiteren Rat zum Thema? Wir freuen uns auf Ihre Nachricht!

Wir sind für Sie da!
Montag–Donnerstag: 8.00–18.00 Uhr;
Freitag: 8.00–16.00 Uhr
Tel.: 0180-5005054*
Fax: 0180-5012054*
*(0,14 €/Min. aus dem dt. Festnetz/ Mobilfunkpreise max. 0,42 €/Min.)
E-Mail:
leserservice@graefe-und-unzer.de

P.S.: Wollen Sie noch mehr Aktuelles von GU wissen, dann abonnieren Sie doch unseren kostenlosen GU-Online-Newsletter und/oder unsere kostenlosen Kundenmagazine.

GRÄFE UND UNZER VERLAG
Leserservice
Postfach 86 03 13
81630 München

Projektleitung: Tanja Dusy
Lektorat: Petra Puster
Korrektorat: Mischa Gallé
Layout, Typografie und Umschlaggestaltung: independent Medien-Design, Horst Moser, München
Satz: abavo GmbH, Buchloe
Herstellung: Claudia Labahn
Reproduktion: Wahl Media GmbH, München
Druck: Firmengruppe APPL, aprinta druck, Wemding
Bindung: Firmengruppe APPL, m.appl, Wemding
Syndication:
www.jalag-syndication.de

ISBN 978-3-8338-1891-2

5. Auflage 2012

www.facebook.com/gu.verlag

GRÄFE UND UNZER

Ein Unternehmen der
GANSKE VERLAGSGRUPPE

Die Autorinnen

Karola Wiedemann ist Diplom-Haushaltsökonomin und hat als Redakteurin jahrelang Rezept-, Garten-, Gesundheits- und Familienseiten bei Zeitschriften verantwortet. Heute arbeitet sie im eigenen Redaktionsbüro für Zeitschriften, Verlage und Verbände.

Martina Kiel ist Diplom-Oekotrophologin. Für Verbände aus dem Bereich Umwelt und Landwirtschaft ist sie als Referentin für Projekt- und Öffentlichkeitsarbeit tätig. Am liebsten kocht sie mit frischen, ökologischen Produkten aus der Region.

Die Fotografin

Maike Jessen ist als selbstständige Fotografin in Hamburg tätig. Neben ihrem Schwerpunkt, der Foodfotografie, arbeitet sie auch im Stillife- und Peoplebereich für Zeitschriften, Buchverlage und Werbeagenturen. Mitgewirkt haben bei der Fotoproduktion für dieses Buch die Foodstylistin Diane Dittmer und die Stylistin Meike Stüber.

Bildnachweis

Titelfoto: Jörn Rynio, Hamburg; alle anderen: Maike Jessen, Hamburg

Titelbildrezept:

Fusilli mit Brokkoli von Seite 29

Umwelthinweis

Dieses Buch ist auf PEFC-zertifiziertem Papier aus nachhaltiger Waldwirtschaft gedruckt.

Appetit auf mehr?

ISBN 978-3-8338-0321-5

ISBN 978-3-8338-0678-0

ISBN 978-3-8338-0309-3

ISBN 978-3-8338-1834-9

ISBN 978-3-8338-0316-1

ISBN 978-3-8338-1431-0

www.gu.de: Blättern Sie in unseren Büchern, entdecken Sie wertvolle Hintergrundinformationen sowie unsere Neuerscheinungen.

G|U

Willkommen im Leben.

Expressbeilagen, die satt machen

Nudeln Die Garzeiten von Nudeln variieren sehr stark. Frische Pasta aus dem Kühlregal ist der Favorit in der Expressküche.

Schnellkoch-Reis wurde bereits vorgekocht und wieder getrocknet. Die Zubereitungszeit variiert von Hersteller zu Hersteller. Deshalb auf die Packungsangaben achten. Aber auch der aromatische und langkörnige **Basmatireis** ist in ca. 10 Minuten gar. **Langkornreis** wird oft als »Parboiled Reis« angeboten. Hierbei werden die Reiskörner mit Dampfdruck behandelt, sodass die Vitamine und Mineralstoffe aus der Schale in das Korninnere gepresst werden. Parboiled Reis ist daher wertvoller, braucht aber ca. 15 Minuten Garzeit.

Couscous, Bulgur und Polenta sind vorgegarte Getreideprodukte, die im Nu servierfertig sind. Couscous und Bulgur werden aus Hartweizen hergestellt. Polenta ist eigentlich Maisgrieß. Alle drei eignen sich als Beilage und als Grundlage für Hauptgerichte z.B. in Eintöpfen oder Gratins.

Glasnudeln werden aus Reismehl oder aus gemahlenen Mungbohnen hergestellt. Mit kochendem Wasser übergossen, müssen die dünnen, spröden, 1 bis 2 mm dicken Nudeln lediglich 5 bis 10 Minuten ausquellen bis sie gar sind. Wenn man sie kalt abschreckt, kleben sie weniger aneinander.

Instantnudeln und Wok-Nudeln Die langen, dünnen Instantnudeln bestehen aus Weizenmehl und Salz. Man gibt sie in kochendes Wasser und kann sie nach 4 Minuten fertig abgießen. Die kurzen, feinen Wok-Nudeln enthalten neben Weizenmehl und Salz auch Eier. Ihr Vorteil besteht darin, dass man sie direkt in der Suppe oder in der Flüssigkeit im Wok (ca. 5 Minuten) gart.

Kartoffeln erfordern tendenziell mehr Zeit bei der Zubereitung. Eine schnelle Alternative sind ganz kleine Kartöffelchen, sogenannte Drillinge, die als Pellkartoffeln auch in 10 bis 12 Minuten gar sind. Blitz-Bratkartoffeln kann man auch aus rohen Kartoffeln in 25 Minuten auf den Tisch bringen.